Olenka Jud-Cartagena

Ein Reim, mein Reim, dein Reim

novum pro

Dieses Buch ist auch als
e-book
erhältlich.

w w w . n o v u m v e r l a g . c o m

© 2022 novum Verlag

ISBN 978-3-99131-296-3
Lektorat: Mag. Angelika Mählich
Umschlagfotos: Sarayut Thaneerat,
Kevin Carden, Alphaspirit |
Dreamstime.com
Umschlaggestaltung, Layout & Satz:
novum Verlag
Innenabbildungen: Charly Gurt
Autorenfoto: Olenka Jud-Cartagena

Gedruckt in der Europäischen Union
auf umweltfreundlichem, chlor- und
säurefrei gebleichtem Papier.

www.novumverlag.com

Bibliografische Information
der Deutschen Nationalbibliothek:

Die Deutsche Nationalbibliothek
verzeichnet diese Publikation in
der Deutschen Nationalbibliografie.
Detaillierte bibliografische Daten
sind im Internet über
http://www.d-nb.de abrufbar.

Liebe Leserin, lieber Leser!

Vorab etwas über meine Gedankenwelt:

Eine zeitlang habe ich mir überlegt, warum mir Bücher so wichtig sind. Wenn ich zum Beispiel in einer Bibliothek war, fühlte ich mich immer gut aufgehoben. Ich wusste, dass ich mich inmitten von sehr viel Wissen, Märchen, Gedichten, neuen Welten usw. befand und dieser Gedanke gefiel mir. Ein Buch sieht von außen vielleicht schön aus, hat einen spannenden Titel oder eben nicht. Viel mehr ist auf den ersten Blick nicht zu erkennen. Wenn du es jedoch aufmachst und anfängst zu lesen, eröffnet sich dir plötzlich eine komplett neue Welt. Geschichten voller Abenteuer, Märchen, die dich zum Träumen bringen, neues Wissen, das dich bereichert und vieles mehr, das dich wiederum zum Nachdenken bringt. Wozu so ein Buch fähig ist, faszinierte mich immer wieder. Es kann dich zum Lachen bringen, zum Weinen, dich langweilen oder gar verärgern, und oft bringt es uns Menschen zum Nachdenken.

Als ich fünf Jahre alt war, hatte ich das große Glück, von einem Paar aufgenommen zu werden, bei dem es viele Bücher gab. Ich liebte es vorzulesen und darüber zu sprechen. Ich mochte es aber auch, über Gott und die Welt zu philosophieren. Dafür hatte ich in diesem Zuhause zwei interessierte Menschen, welche mir zuhörten, mich ernst nahmen und mit denen ein guter Austausch zu den verschiedensten Themen möglich war.

So lernte ich, wie wichtig es ist, dass man anderen Menschen zuhört und sie ernst nimmt. Ich lernte, nicht sofort zu urteilen, wenn jemand nicht dem eigenen Ideal entsprach, und sie brachten mir bei, dass man von jedem Menschen – egal wie alt sie sind – etwas lernen kann. Meine Pflegemutter sagte mir immer wieder, wie viel man auch von Kindern lernen kann und dass es gut ist, irgendwo im Inneren selbst ein Kind zu bleiben.

Das Kind in mir werden Sie bestimmt in dem einen oder andern Gedicht wiederentdecken. So gibt es viele verschiedene Dinge, die mir in meinem Leben sehr wichtig geworden sind und die ich mit meinen Gedichten zum Ausdruck bringen möchte.

Zum Thema Vorurteil hat mir einmal jemand gesagt: „Urteile nicht über einen Menschen, wenn du nicht jede Sekunde seines Lebens gelebt hast." Ich habe diesen Satz nie wieder vergessen. Und jedesmal, wenn mir etwas oder jemand komisch vorkam, sagte ich mir: „Ja, hätte ich tatsächlich jede Sekunde seines Lebens gelebt, hätte ich wahrscheinlich genauso gehandelt." Doch so ist der Mensch: Er urteilt, verurteilt und merkt oft gar nicht, dass er seine Entscheidungen aufgrund seiner eigens gemachten Erfahrungen trifft. Wenn ich mich wieder einmal dabei erwische, wie ich schnell ein Vorurteil fälle, besinne ich mich auf den oben erwähnten Satz und somit auch an das Bild, an welchem ich mich innerlich orientiere: Ich stellte mir immer vor, die Welt sei ein hoher Berg und überall auf dem Berg leben Menschen. Wenn man nun die Menschen aus dem Norden fragen würde, wie denn ihr Berg aussähe, würden diese natürlich einen anderen Berg beschreiben als die Menschen aus dem Osten, Süden oder Westen. Die Menschen, welche den Wald besiedeln, sähen es wiederum anders als jene, welche nahe dem Gipfel leben. Nun, wer hat denn also recht? Natürlich alle.

Sie brauchen also nicht darüber zu streiten oder auf der eigenen Meinung zu beharren. So sieht man, wie wichtig es ist, offen zu sein und Dinge aus verschiedenen Perspektiven zu sehen. Aus der Nähe oder der Distanz, von oben oder von unten. Jede Perspektive und Ansicht gilt in der subjektiven Situation als richtig. Wer sich offen mit anderen austauschen kann, erhält eine ganzheitlichere Sicht und kann damit den ganzen Berg mit all seinen Facetten wahrnehmen.

Dasselbe gilt meiner Meinung nach für den Glauben: Der Name der Religion scheint mir nicht so wichtig zu sein, denn es ist nur ein Name. Was aber der Mensch lebt, wie er mit seinen Mitmenschen umgeht, das ist entscheidend. Der Glaube sollte uns bestärken, Gutes zu tun. Dankbarkeit und Glück zu empfinden, für uns und für andere. Er sollte uns aufzeigen, wie wichtig es ist, füreinander da zu sein. Er sollte uns auch lehren, unser Selbstvertrauen aufzubauen. Der Welt mit Empathie und Hingabe zu begegnen. Der Glaube sollte uns lehren, jedes Lebewesen zu schätzen. Er sollte uns zeigen, wie wir die Welt verändern können, sodass alle Menschen inneres und äußeres Wachstum erleben dürfen. Und etwas vom Wichtigsten: Er sollte uns lehren, die bedingungslose Liebe an erste Stelle zu setzen.

Ob jemand an ein Leben nach dem Tod glaubt oder nicht, denke ich, ist ebenso wenig der entscheidende Punkt. Wenn dem Menschen der Glaube Sicherheit und Geborgenheit gibt, ist dies wunderbar. Darum wäre es schön, wenn alle Menschen den Glauben und die Meinungen anderer respektieren würden. Unser Zusammenleben wäre viel herzlicher.

Sie werden lesen, wie ich über diese Themen denke, und möglicherweise empfinden sie Zustimmung. Falls nicht, freue ich mich, wenn Sie meine Gedanken als eine weitere Möglichkeit zu fühlen und zu denken akzeptieren und sich vielleicht sogar mit mir freuen können. Ich freue mich auf jeden Fall über jeden Menschen, der den Glauben gefunden hat, der ihm persönlich guttut.

So, ich habe jetzt viel über jene Dinge geschrieben, welche mir am Herzen liegen. Vieles von meinem Gedankengut werden Sie auch in meinen Gedichten wiederfinden.

Vorwort

Es gibt viele verschiedene Arten von Gedichten, so wie es auch viele verschiedene Menschen gibt.

Für mich persönlich hatten Gedichte, seit ich mich erinnern mag, immer schon eine ganz besondere Bedeutung. Vielleicht war es der Klang, wenn man eines laut vorlas oder die Pausen zwischendurch. Vielleicht waren es einfach die Gefühle, welche dadurch transportiert wurden.

Die Gedanken und ausgedrückten Gefühle des Dichters fand ich umso interessanter, je älter ich wurde. So sagen doch Gedichte viel über einen Menschen und dessen Gefühlswelt aus. Und so ist es auch bei mir. Ich schrieb Gedichte über viele Jahre hinweg. Je nach Stimmung und Inspiration entstanden auf leeren Seiten lebendige Gedichte.

Seit ich ein kleines Kind war, hatte ich Spaß daran, neue Reime zu entdecken. Mit sechs Jahren schrieb ich meinen ersten Reim in ein rotes Büchlein. Eines der ältesten Gedichte in diesem Buch, „Blutsbrüder", schrieb ich mit zwölf Jahren.

Manchmal schrieb ich aus einer Emotion heraus, manchmal einfach nur so aus Nachdenklichkeit. Manche schrieb ich für andere, manche wegen anderen und manche einfach nur für mich. Ein paar davon möchte ich gerne mit euch teilen.

Im ersten Kapitel des Buches geht es mehr um die Natur, das Leben, den Sinn des Lebens, die Freundschaft, um Fantasie, Glauben und Liebe.

Im zweiten Kapitel handelt es sich, neben den bereits oben erwähnten Themen, mehr um Tod, Verlust, Krankheit, Trauer, Schmerz und auch Nachdenklichkeit.

Die Bilder in diesem Buch wurden von Charly Gurt, geboren am 26.11.1964, einem der authentischsten Menschen, den ich kenne, aufgenommen. Wir haben uns vor vielen Jahren kennengelernt und seine Geschichte hat mich berührt. Ich konnte einiges aus ähnlichen Erfahrungen nachfühlen. Wir hatten viele gute Gespräche und ich war dankbar für seine ehrliche und bescheidene Art. Als Verdingkind hatte er kein einfaches Leben. Umso mehr freut es mich, dass er seine Berufung in der Fotografie gefunden hat. Seine Bilder zeigen seine Liebe zur Natur. Er hat ein großes Herz und ein gutes Auge, um Momente einzufangen, die uns die Schönheit dieser Welt aufzeigen.

Die Idee, Charly um seine schönen Bilder anzufragen, kam mir morgens um 04.00 Uhr. Ich hatte mein Manuskript dem novum Verlag bereits zur Prüfung zugesandt. Als ich jedoch an diesem Morgen erwachte, da musste ich an die Bilder von Charly denken. Es fühlte sich einfach richtig an und so fragte ich ihn ganz spontan, ob er bereit sei, seine Bilder mit meinen Gedichten in ein Buch zu packen. Ich schickte ihm eine Nachricht und sagte, er könne es sich überlegen und ich wäre ihm nicht böse, wenn er seine Bilder nicht in meinem Gedichtband wiederfinden möchte. Seine Antwort kam schnell und ich war wirklich überrascht. Er meinte: „Die Frage ist nicht, ob ich will, die Frage ist, ob ich die richtigen Bilder für dich habe." Und in diesem Augenblick wusste ich, mein Gefühl hatte mich nicht getäuscht.

Wenn Sie die Webseite von Charly Gurt besuchen, finden Sie noch viel mehr von seinen tollen Bildern und erfahren mehr über seine Geschichte, sein Schicksal und was ihn geprägt hat:

www.buendnerfotograf.ch

Komm her, sei bereit und lass dich einfach berühren.
Ich werde dich durch meine Welt der Gedichte führen.

Eines reimt sich, das andere vielleicht nicht,
doch am Ende bleibt es immer ein Gedicht!

Danksagung

Einen besonderen Dank gilt meinem Ehemann Thomas Jud, der mir in guten wie in schweren Zeiten stets zur Seite gestanden ist. Sowie unseren geliebten Kindern Kenai Karl und Norina Lena, die mich jeden Tag daran erinnern, wie es ist, die Welt mit Kinderaugen zu sehen. Sie haben mir unglaublich viel Kraft und Inspiration gegeben, dieses Buch endlich fertig zu stellen.

Ganz lieben Dank an Charly Gurt, dass er mir seine wunderschönen Bilder zur Verfügung gestellt hat.

Meinen leiblichen Eltern möchte ich herzlich danken für alles, was sie mir in meinem „Rucksack" mitgegeben haben und für die Chance, ein Teil dieser Welt zu sein.

Meinen Schwestern Sandy, Perla und Katia danke ich ebenso. Sie haben mich auf neue Ideen gebracht und ich durfte immer wieder etwas von ihnen lernen.

Ein herzlicher Dank gilt auch meinen Pflegeeltern Donata und Hanspeter Lietha. Sie haben mir von klein auf ein wunderbares Zuhause gegeben, mir eine Welt voller Wunder und Schönheit im Zusammenleben mit der Natur gezeigt. Danke für dieses große Geschenk.

Allen Verwandten und Bekannten sowie allen Menschen, welche mich auf meinem Weg bis zum heutigen Zeitpunkt begleitet haben, die mich durch positive oder negative Erlebnisse an Erfahrungen haben reicher werden lassen: Euch allen danke ich, denn ihr habt dazu beigetragen, dass ich zu diesem Menschen wurde, der ich heute bin.

Dieses Buch widme ich meiner ältesten Schwester Sandy.

In unseren Herzen lebst Du ewig weiter.

Danke, dass ich einen Teil deines Weges mit dir gehen durfte.

Inhaltsverzeichnis

KAPITEL 1

Alles, was mir gefällt

Am Morgen glücklich aufstehen,
treue, liebe Augen sehen.
Das Strahlen auf einem Gesicht,
die Wärme und das Sonnenlicht.
Die Freude des kleinen Kindes,
das starke Rauschen des Windes.
Die schöne Stille in der Nacht,
die Dunkelheit, die Sternenpracht.
Des Sonnenlichts Glitzern im Schnee,
das Spiegeln der Berge im See.
Der Tautropfen auf einem Klee,
ein Blickkontakt mit einem Reh.
Die Muskeln des Löwen, der springt,
das Lied der Nachtigall, die singt.
Ein Schmetterling, der leise fliegt,
ein Halm, der sich im Winde biegt.
Ein Herbstblatt, das zu Boden fällt,
ein Lichtstrahl, der den Wald erhellt.
Ein Reiher, der am Ufer fischt,
der kalte Bach, der mich erfrischt.
Die Kreise im See nach einem Steinwurf,
der kleine Hügel von einem Maulwurf.
Ein Adler, der hoch oben schwebt,
ein Wasserfall, der mich belebt.
Des Regens Trommeln in der Nacht.
Ein Baby, das jetzt gleich aufwacht.
Ein Regenbogen ganz hoch am Himmel,
ein galopierender weißer Schimmel.
Und vieles mehr, was mir gefällt,
an dieser wunderbaren Welt.

Die Blumenwiese

An einem wunderschönen Sommertag,
als ich auf einer grünen Lichtung lag,
spürte ich die Sonne auf meiner Haut
und in meinem Herzen klopfte es laut.

Der Wind sang und rauschte in den Bäumen,
ich wollte keinen Moment versäumen.
Die Luft roch nach Moos und feuchter Erde,
erinnerte mich an wilde Pferde.

Der Wind trug einen neuen Geruch her,
nämlich von einem großen Blumenmeer.
Augenblicklich wollte ich aufstehen,
die Vielfalt der Farben endlich sehen.
Und dann, von diesem Moment zum andern,
konnte ich durch diese Wiese wandern.

Ich öffnete die Augen, sah umher,
jedoch sah ich nur ein gräsernes Meer.
Die Blumen waren also nur ein Traum,
doch diese Erkenntnis störte mich kaum,
denn in jedem Grashalm hab ich's gesehn,
die Schönheit der Natur wird nie vergehn.

Du

Erfolgreich und mit sehr viel Kraft,
bist du ein Mensch, der alles schafft.

Dein Herz hat Freud und Leid gespürt
und manches Herz hast du berührt.

Sehr vieles hast du schon erreicht
und der Weg war nicht immer leicht.

Doch bist du dir treu geblieben,
weshalb sehr viele dich lieben.

Du bist ein Mensch, der sehr viel gibt,
der Regen wie die Sonne liebt.

Stadt und Wald kannst du verbinden
und so deine Mitte finden.

Viele lässt du ins Herz schauen
und jeder kann dir vertrauen.

Schöne Momente hatten wir,
für deine Freundschaft dank ich dir.

Zum Geburtstag

Weil du heute Geburtstag hast,
hoffe ich, dass du ganz viel lachst.
Hörst du all die Vögel pfeifen?
Kannst du nach den Sternen greifen?

Stell dir vor, du könntest fliegen
und auf einer Wolke liegen.
Kannst du die da unten sehen,
wie sie an der Ampel stehen?
Voller Stress durch Straßen ziehen
und vor den Problemen fliehen.
Wie sie sich gerne ablenken
und nur an sich selber denken.
Die Schönheit der Natur nicht sehn,
den Sinn des Lebens nicht verstehn.

Doch dann schaust du auf die andern,
die fröhlich durchs Leben wandern.
Mit Lachen den Tag beginnen
und sich auf Schönes besinnen.
Die Berge und die See lieben
und trübe Wolken wegschieben.
Die in der Natur verweilen,
dies mit andern Menschen teilen.
Das Lachen dem Sonnenschein gleicht,
das Strahlen der Augen nie weicht.

Dann hast du dich selbst gefunden,
mit denen bist du verbunden.
Ich wünsch dir alles Glück der Welt
und dass dein Strahlen ewig hält.

Deine Art

Deine Art die Welt zu sehen,
deine Art sie zu verstehen.

Deine Art einfach zu leben,
deine Art vieles zu geben.

Deine Art Größe zu zeigen,
deine Art manchmal zu schweigen.

Deine Art nichts zu verschieben,
deine Art Menschen zu lieben.

Deine Art dich selber zu sein,
deine Art ist wundervoll rein.

Liebe

Verwirrung kann die Liebe bringen,
bringt uns zum Weinen und zum Singen.
Es gibt ganz viele Formen von ihr
und die Liebe macht aus Ich ein Wir.
Sie gibt ganz viel und kann auch nehmen
und dazu gibt es viele Themen.
Menschen erfinden Liebeslieder,
manchmal kommt sie und geht dann wieder.
Doch können auch Wunder entstehen,
wenn wir bereit sind, sie zu sehen.
Eine Liebe nicht zu beschreiben,
könnte ja auch für immer bleiben.
Liebe mit ganz vielen Gefühlen,
diese wird nicht so schnell abkühlen.
Sieh in dein Herz und hör was es sagt,
diese Liebe ist nicht auf der Jagd.
Sie bindet Seele, Körper und Geist
und vieles mehr von dem du nichts weisst.
Aber erst mal muss man verlieren
und dann kann man realisieren,
dass man nach einem Verlust gewinnt.
Wir verstehn es, wenn die Zeit verrinnt.

Vereint

Was für eine Art Mensch magst Du wohl sein?
Deine Augen strahlen im Sonnenschein.

Ich sehe dich so oft auf meinem Weg,
du weißt nicht, welche Gefühle ich heg'.

Ich traue mich nicht, dich anzusprechen,
hab Angst, ich könnte den Zauber brechen.

Nur einen Moment, da siehst Du mich an
und ich weiß dann genau, jetzt bin ich dran.

In Herzensdingen darf ich es wagen,
dich nur ein einziges Mal zu fragen:

„Würdest du gerne mit mir was trinken?
Irgendwann in meine Arme sinken?"

Was, wenn deine Liebe mein Herz berührt
und wenn meine Haut deinen Atem spürt?

Wenn dieser Traum endlich Wirklichkeit ist
und ich dann bei dir und du bei mir bist.

Die Wärme der Sonne durch mich scheint
und kein Teil von mir mehr leise weint.

Ja, dann hat es das Schicksal wohlgemeint,
für immer, so hoff' ich, sind wir vereint.

Die Sonne

Ganz langsam steigt die Sonne auf
und so nimmt der Tag seinen Lauf.
Hier unten bin ich doch ganz klein,
ich wünscht', ich könnt da oben sein.
Bei dir, du lieber Sonnenschein,
dein Strahlen ist so hell und rein.
Lass mich doch deine Wärme spüren,
wenn deine Strahlen mich berühren.
Du erhellst meine Gedanken,
dafür möchte ich dir danken.
Zeig mir Licht in dunklen Tagen,
lass mich neue Schritte wagen.
Alles Leben im Jetzt und Hier,
überlebt doch nur wegen dir.
An allem, was mich hier umgibt,
seh ich, wie die Natur uns liebt.
Ach, welche wunderschöne Kraft,
all dieses Leben hat erschafft.

Der See

Es war noch kurz vor Sonnenaufgang
und ich hörte, wie die Amsel sang.
Der Morgenwind war noch ziemlich kalt,
ich wanderte fröhlich ohne Halt.

Der Wald war dunkel und verwegen
und abseits des Dorfes gelegen.
Plötzlich sah ich diesen grünen See,
am Ufer lag ein rotbraunes Reh.
Das linke Bein schien verletzt zu sein
und Blut rann auf einen dunklen Stein.

Doch was ist das, was hat sich bewegt?
Etwas hat sich zum Reh hingelegt.
Es kam aus dem Wasser und war klein,
war wie ein Kind so unschuldig rein.

Moment, was ist mit dessen Beinen
und warum fängt es an zu weinen?
Ein Fischschwanz glitzerte wunderbar,
eine Nixe hier wie sonderbar.
Silbern glänzte ihr buschiges Haar,
über ihr flog eine Vogelschar.
Die Vögel stimmten ins Weinen ein,
das Rehkitz schien ganz ruhig zu sein.

Die Tränen fielen auf die Wunde,
es kam mir vor wie eine Stunde.
Ich sah, wie das Reh sich bewegte,
die Stirn zu der der Nixe legte.
So, als würde es Danke sagen,
um dann erste Schritte zu wagen.
Seine Augen leuchteten ganz hell,
im Wald verschwand das Rehkitz nun schnell.

Ich war noch halb hinter einem Baum,
es schien, als wäre es nur ein Traum.
Die Nixe sah nur ganz kurz zu mir,
und ich wünschte ich könnte zu ihr.
Ich fühlte mich plötzlich verbunden
und dann war sie einfach verschwunden.
Die Amsel sang noch viele Lieder,
doch diesen See fand ich nie wieder.

Die Stimme

Eine Stimme hör' ich aus deinem Herzen,
sie erzählt von Freude und auch von Schmerzen.
Sie weiß von den Reisen in fremde Welten,
in denen andere Gesetze gelten.
Sie kennt dein Tun genauso wie dein Handeln,
weiß, du kannst Trauer in Freude verwandeln.
Sie kann die Welt durch deine Augen sehen,
kann jeden deiner Schritte mit dir gehen.
Sie erzählt mir von einem geheimen Traum,
einem stillen Wunsch, fernab von Zeit und Raum.

Empfinden, was andere Menschen fühlen,
und Hitze mit lieben Worten abkühlen.
Liebe in ihrer reinsten Form zu spüren
und die Farben der Nordlichter berühren.
Sehn, was nur ein verschlossenes Auge sieht.
Jedes Wort verstehn bei einem stummen Lied.
Was du suchst und Antworten auf die Fragen,
findest du in dir, das will sie mir sagen.
Die Stimme in deinem Herz ist wunderbar.
Letztendlich wissen wir beide, sie spricht wahr.

Blutsbrüder

Wenn du mich liebst, so wie ich dich,
sind wir wie Brüder, du und ich.
Du trinkst mein Blut, ich trinke deins,
von jetzt an sind wir beide eins.
Durch dies feste Band verbunden,
erleben wir viele Stunden.
Wir sehn so manches Abendrot,
ich schwör dir Treue bis zum Tod.

Der Traum

Manchmal, da wünschte ich mir, ich könnte fliegen,
zwischen den Bäumen, die sich im Winde biegen.

Ich wünschte so sehr, ich könnte zum Mond gehen,
und von da oben die ganze Welt ansehen.

Nur ein einziges Mal mit den Tieren sprechen,
und so manche Gesetze der Natur brechen.

Einmal in die Tiefe des Ozeans tauchen,
und zu atmen, ganz ohne Luft zu gebrauchen.

Einmal die unbeschreibliche Liebe spüren,
in einem Tempel mit über tausend Türen.

Und jede Tür führt in einen schöneren Raum,
findest du nicht das ist ein wunderschöner Traum?

Du kannst hoch in den Himmel zu den Sternen reisen,
oder als Adler über einem Maisfeld kreisen.

Du kannst alles tun und lassen, was dir gefällt,
für diesen einen Moment gehört dir die Welt.

Doch wie wir alle wissen, zeigt sich hier die Sicht,
die aus dem Herzen eines wahren Träumers spricht.

Zwerge

Ganz tief im Innern der riesigen Berge,
da leben die lustigen, kleinen Zwerge.
Nahe bei Höhlen hab' ich sie gesehen,
wie sie hinein und wieder hinausgehen.

Mit roten Hüten und lustigen Bärten
bewirtschaften sie ihre kleinen Gärten.
Genau so fleißig wie unsere Bienen
arbeiten sie in ihren dunklen Minen.

Die wichtigen Aufgaben werden verteilt,
keiner von ihnen je im Nichtstun verweilt.
Die Kristalle im Berg bearbeiten sie
mit Freude, mit Liebe und mit Fantasie.

Sie alle bleiben einander stetig treu,
den Menschen gegenüber sind sie sehr scheu.
An Feiertagen, da liegen sie im Moos.
Ihre Feste, die sind unbeschreiblich groß.

Heimischen Beerensaft mögen sie gerne
und in den Nächten das Leuchten der Sterne.
Nicht wenige haben dann schlafgetrunken,
doch noch dem Menschenriesen nachgewunken.
Doch der hat nichts gemerkt und nichts gesehen,
er wollte nur ganz schnell nach Hause gehen.

In der Nacht sinken sie ins Land der Träume
und wachsen hinaus bis über die Bäume.
Und noch bevor die Sonne am Himmel steht,
jeder Zwerg wieder seiner Arbeit nachgeht.

Elfen

In einem mystischen, schönen Wald
bewegt sich eine kleine Gestalt.

Sie liebt es zu fliegen und zu gehen,
kannst du sie dort auf der Blume sehen?

Und schau mal da zwischen Moos und Stein,
gibt's noch mehr, sie sind fast nie allein.

Wie Schmetterlinge so zart und leicht,
ihr Lachen einem Harfenspiel gleicht.

Ihre Augen strahlen Weisheit aus,
Wiesen und Wälder sind ihr Zuhaus'.

Ganz leise hören wir ihr Singen
wie wenn viele Schneeglöcklein klingen.

Ihre Flügel voller Farben sind,
die tragen sie so schnell wie der Wind.

Ihre Anmut nicht zu vergleichen,
mit Liebe sie alles erreichen.

Als Erstes blicken sie uns ins Herz
und sehen unseren wahren Schmerz.

Auch sie sind da, um uns zu helfen,
die wunderschönen Himmelselfen.

Die Reise

Hoch oben am Berge die Quelle entspringt,
die Reise nach unten ganz fröhlich beginnt.
Das eiskalte Wasser ist glasklar und rein,
die Wassertopfen schimmern im Sonnenschein.

Diese Reise führt durch Felder und Wiesen,
um blühende Blumen und Baumriesen.
Zur Ruh kommen die Tropfen in einem See
und beim Trinken spiegelt sich so manches Reh.

Jetzt geht's weiter den Wasserfall hinunter
und die hüpfenden Tröpfchen werden munter.
Unten im großen Becken angekommen,
sind die Wassertropfen ziemlich benommen.
Doch kurz darauf tanzen sie lustig weiter,
bis ins Tal hinunter, das wird noch heiter.

So manches Abenteuer überwunden,
fühlen Sie sich plötzlich alle verbunden.
Wenn sie letztendlich dann ganz still und leise,
sich langsam nähern dem Ziel ihrer Reise.
Im großen Meer sind sie nun angekommen,
haben die Erlebnisse mitgenommen.
Gegenseitig können sie sich berichten,
es sind Hunderttausende von Geschichten.
Sie fühlen sich fröhlich und sind ganz heiter,
denn sie wissen, die Reise geht bald weiter.

Musik

Die meisten nannten ihn einfach nur den Weisen.
Viele Menschen trafen ihn auf ihren Reisen.

Seine tiefe Stimme war klar anzuhören.
Sein kleines Häuschen im Wald umringt von Föhren.

Und wenn er sprach, dann sprach er auf seine Weise.
Manchmal eher laut und dann wieder ganz leise.

Er hatte über neunzig Jahre schon gelebt
und immer wieder nach guten Taten gestrebt.

Oftmals sprach er über wunderschöne Klänge
oder auch über die himmlischen Gesänge.

Er wusste genau, dass wenn wir Menschen singen,
würde sicher mehr als nur Musik erklingen.

Einmal sagte er mir: „Musik kann verbinden
und Menschen können sich mit ihr selber finden."

Musik kann Trauer in Menschenherzen heilen
und die Musik bringt uns auch dazu zu teilen.

Sanfte Musik lässt Energie höher schwingen
und kann uns ganz viel Liebe und Freude bringen.

Schöne Musik müsse man einfach erleben
und ihr auch über das Tanzen Ausdruck geben.

Sie lasse auch unsere Körper vibrieren,
und mit ihr können wir Hemmungen verlieren.

Wo auch immer auf dieser Welt wir hingehen,
Musik ist die Sprache, die alle verstehen.

Das Wasser

Hörst du des Wassers Klang und des Wassers Rauschen?
Du sollst nicht sehen, du sollst vor allem lauschen.

Manchmal stürmt und kracht es die ganze lange Nacht,
dann tropft es, wie wenn eine Melodie erwacht.

Geschmeidig zart, aber auch sehr stark kann es sein
und über viele Jahre zerfrisst es gar Stein.

Manchmal ist es hell und einfach wunderbar klar,
doch dann wieder düster und unberechenbar.

Es kann dich retten oder dich auch vernichten,
dies wird dir so mancher Seefahrer berichten.

Es kann dich tragen oder dich auch erdrücken
und im Licht der Sonne glitzern und entzücken.

Ist das Wasser erst einmal in Aufruhr gebracht,
verzerrt es alle Bilder bei Tag und bei Nacht.

Nur in ganz ruhiger See wirst du klar sehen
und du kannst die Botschaft des Wassers verstehen.

Suche das Wasser, denn es bedeutet Leben
und kann dir immer wieder neue Kraft geben.

Wahres Glück

Und hier noch ein anderes Gedicht,
das Glück des Lebens aus meiner Sicht.

Nun es ist so weit, ich hab's gespürt,
etwas Schönes hat mein Herz berührt.
Diesmal war es anders, das war klar,
ein kleines Wesen, wie wunderbar.

Wie eine Pflanze wuchs es in mir
und auf einmal hieß es nur noch wir.
Zehn Monate zusammen verbracht,
zusammen geträumt und aufgewacht.

Gefühle gingen rauf und runter
und die Welt erschien sehr viel bunter.
Ziemlich oft sagte mein Mann zu mir,
die Macht der zwei Herzen steckt in dir.
Das gefiel mir jedes Mal sehr gut
und gab mir an trüben Tagen Mut.

Aber dann war es endlich so weit,
es war für den großen Tag bereit.
Endlich die Welt da draußen zu sehen,
mit uns zusammen durchs Leben gehen.

Ein neuer Stern wurde geboren
und wir als Eltern auserkoren.
Für mich wohl das größte Glück der Welt,
wenn man sein Kind in den Armen hält.

Der Phönix

Groß und mächtig könnt' ich ihn sehen,
ganz stolz würde er vor mir stehen.
Kraftvoll, feurig sowie hilfsbereit,
voll von Größe und auch Menschlichkeit.

Mit wachen Augen sieht er die Welt,
erkennt, was Menschen zusammenhält.
Erlebt hat er Liebe und Schönheit
sowie das Gefühl der Einsamkeit.

In seinem Nest steht er sehr gerne,
doch dann zieht es ihn in die Ferne.
Er möchte gern Neues erfahren
und die Essenz des Lebens wahren.

Sich verwandeln und neu entstehen
und wieder durch das Feuer gehen.
Aus grauer Asche neu geboren,
hat er gewonnen und verloren.
Er öffnet seine Augenlieder,
mit neuen Farben strahlt er wieder.

Der Swarovski-Baum

Mitten im Wald habe ich gestanden,
als einige Förster mich dort fanden.
Sie haben mich genau angesehen
und entschieden, ich sollte mitgehen.

Doch bis zu diesem schicksalshaften Tag,
wusste ich nicht, was ich sonst noch vermag.

Hinauf zum Himmel sah ich Nacht für Nacht,
wie die Sterne strahlten in voller Pracht.
Ach, wie wunderschön, so dachte ich mir,
und was mache ich? – Steh einfach nur hier.

Nicht Jahre, Jahrzehnte stand ich schon dort,
aber niemand sah mich an diesem Ort.

Plötzlich haben sie mich mitgenommen.
Für längere Zeit war ich benommen.
Ich wusste nicht, was war wohl geschehen?
Die Sterne konnte ich nicht mehr sehen.
Aber als ich an mir heruntersah,
war auf einmal all dieses Glitzern da.

Jahrelang hab' ich hinaufgesehen,
jetzt darf ich in deren Mitte stehen.
Nun ist jeder Stern an mir angebracht
und mein hölzernes Herz, es hüpft und lacht.
Ich sehe die strahlenden Gesichter,
sie alle bestaunen meine Lichter.
Jetzt kann ich Menschenherzen gewinnen,
die Weihnachtszeit kann endlich beginnen!

Daukbarkeit

Ich bin dankbar, das Licht dieser Welt zu sehn.
Das Glück zu haben, auf zwei Beinen zu stehn.

Ich bin dankbar für das Tanzen und Springen,
für die Stimme und dass wir Menschen singen.

Ich bin dankbar für Wasser und auch für Brot
und dass das Leben stärker ist als der Tod.

Ich bin dankbar für Freunde und Familie
und ein Zuhaus' in einer Immobilie.

Ich bin dankbar, frei durchs Leben zu gehen
und in den Menschen das Schöne zu sehen.

Ich bin dankbar, eine starke Frau zu sein,
dankbar für Bäume, Blumen und jeden Stein.

Ich bin dankbar für die Vielfalt der Tiere
und dass ich mich in der Natur verliere.

Ich bin dankbar, so viel Hoffnung zu spüren,
Menschen zu treffen und sie zu berühren.

Ich bin dankbar, Harmonie zu erfahren
und auch dafür, das Kind in mir zu wahren.

Ich bin dankbar für Gott und auch für die Welt
und alles, was uns Menschen zusammenhält.

Ich bin dankbar, glücklich zu sein und heiter,
und auch zu wissen, eine Tür führt weiter.

Ich bin dankbar, den Lebensweg zu finden,
und dankbar, die Dankbarkeit zu empfinden.

Die Weisheit des Baumes

Es war in einem längst vergangenen Traum,
da sah ich diesen knorzigen alten Baum.
Über eintausend Jahre stand er schon dort,
an diesem grünen und wunderschönen Ort.
Er sah schon so viele kommen und gehen
und kann über sich das Sternenmeer sehen.

Somit dachte ich mir in meinem Traum,
an diesem Ort gibt es weder Zeit noch Raum.
Es ist alles möglich und alles kann sein,
der Baum ist gesund und das Wasser ist rein.
Durch die Blätter rauschte ganz leise der Wind,
ich fühlte mich wie ein neugieriges Kind.
Mein lieber Baum, darf ich dich etwas fragen,
kannst du mir mehr über das Leben sagen?
Über Gefühle, die Menschen berühren,
und uns manchmal bis zur Verzweiflung führen.

Am Anfang noch ganz leise, doch dann ganz klar,
nahm ich die tiefe Stimme des Baumes wahr:
„Mein liebes Menschenkind, ich hör dir gut zu,
bitte setz dich doch nieder und komm zur Ruh.
Wie ich sehe, hast du einige Fragen
und so vieles musstest du schon ertragen.
Du kennst unsere Welt, kennst die Einsamkeit,
genauso wie das Glück der Gemeinsamkeit.
Leben und Natur bedeutet dir so viel,
die Liebe und Harmonie, das ist dein Ziel.

Doch leider seht ihr Menschen nicht immer klar
und eure Worte sind auch nicht immer wahr.

Ihr solltet die Natur lieben und ehren,
denn so vieles könnt ihr von uns noch lehren.
Die Menschen vergessen, wie wichtig es ist,
und wichtig ist, dass du das nicht mehr vergisst.
Ihr braucht uns zwingend, um zu überleben
und nur zusammen entsteht neues Leben.

Bitte denk daran, du und ich wir sind eins,
nichts von alldem ist nur deins und nichts ist meins.
Und genau aus solch einem Denken heraus
schließen die Menschen auch niemanden mehr aus.
So viel Konflikt, Trauer sowie Leid entsteht,
weil ihr es immer noch nicht richtig versteht.

Wahre Kraft entspringt aus der Gemeinsamkeit,
Angst und vieles Leid oft aus der Einsamkeit.
Trauer und Glück können sich fast berühren
und beides kann Menschen zu Tränen führen.
Ihr habt jederzeit die Wahl zu entscheiden,
welchen Weg gehen und welchen Weg meiden.
Ihr entscheidet, welche Gefühle ihr lebt,
und damit, wie ihr das Band des Lebens webt.

Die dunkle Ernte entsteht aus dunkler Saat,
deshalb gebe ich dir gerne diesen Rat.
Prüfe deine Gefühle und Gedanken,
handle gut, das Leben wird es dir danken.

Ich weiß, du möchtest dich so gerne binden,
endlich die einzig wahre Liebe finden.
Habe Geduld und sei zu allem bereit,
denn alles ist nur eine Frage der Zeit.
Wenn sich Augen treffen und Seelen finden,
dann wird die Liebe die Herzen verbinden."

KAPITEL 2

Wer die Worte auf dieser Seite nicht versteht,
einfach zur nächsten Seite übergeht ...

Vier kurze Gedanken

Wasser wurde aus Eis,
das ist es, was ich weiß.
Aus Wasser wurde Dunst,
das ist die ganze Kunst.
Glaubst du, du verstehst mich,
denn es bin immer ich.

❧

Ich muss nicht sterben, um das Licht zu sehen,
doch sterben muss ich, um es zu verstehen.

❧

Es ist, als würdest du zu einem Spiegel gehen
und dir einen Moment selbst in die Augen sehen.
Doch wer sich danach umdreht und nun endgültig geht,
ist dein Spiegelbild, das sich lieb lächelnd fortbewegt.

❧

Das Leben und der Tod, der Anfang und das Ende
oder erst der Tod und dann die glückliche Wende?

Metamorphose

Im Frühling hat alles begonnen.
Im Sommer genossen wir die Zeit.
Im Herbst fielen langsam die Blätter
und im Winter da schlief ich nun ein.

Doch dann bin ich plötzlich aufgewacht,
ich habe doch jahrelang gedacht,
der Tod ist das sichere Ende,
doch ist es nur die große Wende,
von einem Zustand zu dem andern,
einfach über die Grenze wandern.

Meinen Kokon legte ich nieder
und als Schmetterling kam ich wieder.

Vater und Sohn

Siehst du den Engel am Himmelszelt?
Er wacht über unsre ganze Welt.
Er kann dich gut von oben sehen.

Ich wünscht', ich könnte zu ihm gehen.

Was würdest du denn dort oben tun?
Wenn all die anderen Menschen ruhn.

Die Flügel des Engels berühren,
seine Wärme und Nähe spüren.
Ich könnte ihn ganz vieles fragen
und sein Licht auf die Erde tragen.
Ich könnte mit ihm höher steigen
und er würd' mir den Himmel zeigen.
Ich könnte Großmama wiedersehen,
mit ihr durch den Garten Eden gehen.

Ja, da hast du recht, mein lieber Sohn,
das wäre der weiten Reise Lohn.
Irgendwann bist du alt und weise
und machst dich wirklich auf die Reise.
Doch heute sagen wir gute Nacht
und Dank dem Engel, der dich bewacht.

Ich

Manchmal weiß ich nicht, wie's weitergeht,
ich weiß nicht, ob mich jemand versteht.

Ich kenne nicht den richtigen Weg
und ob ich mir selbst die Steine leg.

Was und wie viel kann ich wohl geben,
wie viel erwarte ich vom Leben?

Wer bin ich und wer will ich sein?
Oftmals fühl ich mich ganz allein.

Die Gedanken kommen und gehen,
wo möchte ich in zehn Jahren stehen?

Fragen und immer wieder Fragen,
diesen oder jenen Schritt wagen?

Schließe deine Augen und hör hin.
Die Stimme fragt: „Weißt du, wer ich bin?

Ich bin wie du und du bist wie ich,
deshalb zähle vor allem auf mich.

Lass Gedanken ziehn, geh in dich 'rein,
in der Stille hörst du meinen Reim.

Wer niemals was wagt, gewinnt auch nicht,
wer im Dunkeln weilt, kommt nicht ans Licht.

Lass dich vom guten Gefühl leiten
und den richtigen Weg beschreiten."

Alles kann sich ändern

Das Schicksalsrad hat sich gedreht,
nicht jeder seinen Weg versteht.
Lass das Vergangene nun ruhn,
es gibt so viel im Jetzt zu tun.

Was einmal war, trägst du in dir,
doch deine Zukunft startet hier.
Total unbeschrieben und rein,
kannst du ihr eigner Schöpfer sein.

Wie willst du dich nun entscheiden?
Willst du einfach weiter leiden?
Oder willst du dich jetzt ändern
und nicht mehr durchs Leben schlendern.

Ganz genau, jetzt hast du die Wahl,
bitte komm raus' aus dieser Qual.
Tritt aus der Verschlossenheit
und sieh die Welt, die Herrlichkeit.

Du kannst nun Ziele erreichen
und musst dich nicht mehr vergleichen.
So einzigartig wie du bist,
möcht' ich, dass du dich nicht vergisst.

Liebe dich und du wirst geliebt,
dieser Satz ist nicht nur beliebt,
er entspricht der reinen Wahrheit
und führt dich aus der Dunkelheit.

Die Traurigkeit

In einem Ozean der Zeit
verlier ich mich in Einsamkeit.

Kein Sonnenschein und auch kein Licht,
der Nebel versperrt mir die Sicht.

Ich sehe alles verschwommen,
Tränen, ich fühl mich benommen.

Doch plötzlich mitten im Sturm hier,
eine Stimme, sie spricht zu mir.

Was tust du, nun segle weiter,
die Stimme klingt schön und heiter.

Geht nicht, antworte ich ihr dann,
weil ich das Boot nicht steuern kann.

Die Stimme wieder heiter spricht,
Tränen versperren dir die Sicht,

sonst könntest du den Anker sehn
und könntest dir nun eingestehn,

dass du ihn selbst gelichtet hast,
im Moment der Trauer und Last.

Steh auf und mach dich bereit,
denn das Land ist nicht mehr weit.

Der Wärter

Der Wärter, der stand hoch oben im Turm,
aus dem Fenster konnte er alles sehen,
vom Horizont näherte sich ein Sturm,
er wollte, er könnte nach draußen gehen.

Weit entfernt auf dem dunkelblauen Meer,
seine Geliebte war auf einem Schiff,
er wartete auf ihre Wiederkehr,
die hohen Wellen klatschten an das Riff.

Jetzt brach die Nacht über das Land herein
und noch immer war gar nichts zu sehen,
er fühlte sich so traurig und allein,
er wünschte, er könnte zu ihr gehen.

Sein Blick versuchte alles zu erfassen,
doch die Dunkelheit versperrte ihm die Sicht,
er wollte nur nicht den Turm verlassen
und wartete auf das erlösende Licht.

Stunden erfüllt voller Hoffnung und Bangen,
währenddessen unten am einsamen Strand,
Kojoten um einen Knochen rangen,
der Wärter immer noch am Fenster stand.

Und dann von einem Moment zum andern,
sah er das helle Licht mitten im Meer,
schnell wollte er zum Strand hinabwandern
und endlich war auch sein Herz nicht mehr leer.

Während sich das Schiff durch das Wasser wand,
der einsame Wärter stand auf dem Steg.
Langsam näherte sich das Schiff dem Land
und jetzt war es nur noch ein kurzer Weg.

Nun endlich konnte der Wärter wieder,
seine Liebste in die Arme schließen.
Passagiere sangen Lobeslieder,
als alle glücklich das Schiff verließen.

Nur eine Träne

Eine Träne möchte ich dir schenken.
Nur eine Träne, mit meinem Denken.
Dann könntest du es vielleicht verstehen,
warum Gefühle kommen und gehen.
Das Leben ist oft schwer zu begreifen,
aber wir werden im Alter reifen
und dann das Lebensrad zurückdrehen
und wieder alles ganz anders sehen.
Eine Träne nur, damit du verstehst,
und ab jetzt deinen eigenen Weg gehst.

Schutzengel

Ich weiß, dass du da bist auch wenn ich dich nicht seh'.
Du hältst mich zurück wenn ich vor dem Abgrund steh'.
Die leise Stimme aus meinem Bauch bist du.
Bin ich mal aufgeregt bringst du mich zur Ruh'.
Du zeigst mir die Menschen, die gut für mich sind.
Berührst meine Seele so zart wie der Wind.
Deine strahlenden Flügel hüllen mich ein.
Mit dir zusammen fühl ich mich nie allein.
Du zeigst mir den Weg an dunklen Tagen
und nimmst mir die Angst vor dem Versagen.
Ich bitt' dich um Hilfe und du bist bei mir.
Du schenkst mir die Hoffnung und Güte von dir.
Vielen Dank für all die Kraft, die du mir gibst
und danke, dass du mich bedingungslos liebst.

Familie

Nur ein einziger Augenblick allein
kann für das Leben so entscheidend sein.
Man kann nie wissen, was das Leben bringt
und wann nun ein neuer Abschnitt beginnt.

Freud und Leid trennen oft nur Sekunden
und man ist plötzlich ans Bett gebunden.

Die Gefühle, die danach entstehen,
kann man von außen fast nicht verstehen.
Der Schmerz, der droht einen zu verschlingen
und man muss so mit sich selber ringen.

Wenn die Familie zu helfen beginnt,
ja, dann ist es die Hoffnung, die gewinnt.
Das Schicksal kann uns alle berühren,
uns zu neuen Erkenntnissen führen.

Und sieht man dann das Licht am Horizont,
ist die Dankbarkeit an vorderster Front.
Dann ist es die Familie, die dich liebt,
dir den Halt und die nötige Kraft gibt.

Die Familie, ein Geschenk auf Erden,
und Medizin, um gesund zu werden.

Der Kreislauf

Sieh hinauf und sieh die Sterne,
Millionen in weiter Ferne.
Ihr Glitzern können wir sehen,
ihr Dasein niemals verstehen.
Wir brauchen Dunkelheit und Licht,
wie es entstand, wissen wir nicht.
Tiere handeln nach dem Instinkt,
die Sonne kommt, der Mond versinkt.
Die Dinge haben ihren Lauf,
mal runter und dann wieder rauf.
Wenn der Wind durch die Straßen weht
und jeder etwas schneller geht.
Wenn die Welt zu schlafen beginnt,
Kälte die Überhand gewinnt,
die Vögel nach Süden fliegen,
Herbstblätter am Boden liegen,
die Berge sich in weiß schmücken,
Tiere sich in Höhlen drücken,
die Luft kalt, der See gefroren
und dann alles neu geboren.
Dann beginnt der Kreislauf von vorn
und wieder wächst das Samenkorn.
Ja, dann kommt die Wärme wieder,
Vögel zwitschern ihre Lieder.
Die Welt ist von Neuem erwacht,
wenn der Frühling alle anlacht.

Verlust

Von Geburt an hast du uns alles gegeben,
du hast uns begleitet in unserem Leben.

Die eigenen Wünsche hast du zurückgestellt
und uns auch vor so manche Prüfungen gestellt.

Uns vorbereitet auf diese spannende Welt.
Uns gezeigt, dass es Wichtigeres gibt als Geld.

Du hast uns geliebt, mit deinem ganzen Herzen.
Warum nur trafen dich plötzlich diese Schmerzen.

Diese schwere Krankheit, die dich nicht mehr losließ
und uns alle auf einen anderen Weg wies.

Denn ganz plötzlich auf uns selber aufzupassen,
war schwer, wir konnten uns stehts auf dich verlassen.

Es war einfach traurig, dich leiden zu sehen,
am allerliebsten wollten wir mit dir gehen.

Du gabst uns immer wieder Mut und Zuversicht,
aber danach gingst du einfach zurück ins Licht.

Warum traf es dich, warum musstest du gehen?
Wir können und wollen es auch nicht verstehen.

Ohne dich ist einfach alles so anders hier,
wir denken an die wunderschöne Zeit mit dir.

Eine rote Rose möchten wir dir schenken,
eine blühende Rose, an dein Gedenken.

Für uns warst du die beste Mama auf der Welt,
deine Stärke und Liebe in uns ewig hält.

Die Sehnsucht

Das weise Kind, das weder laufen noch sehen kann

Ich bin nur ein Kind und kann nicht viel sagen,
doch habe auch ich ein Schicksal zu tragen.

Was ist Sehnsucht? – Willst du das wirklich wissen,
bedeutet Sehnsucht einfach zu vermissen?

Kann man die Sehnsucht mit Fernweh beschreiben
oder hat man Sehnsucht, muss man dann leiden?

Was soll ich nur denken, was kann ich wohl tun,
diese Sehnsucht, die lässt mich nie wieder ruhn.

Ich höre Kinder lachen, sie spielen hier,
nicht da zu sein erlischt die Worte in mir.

Das Atmen fällt mir so unvorstellbar schwer,
auch wenn ich mich noch so stark dagegen wehr'.

Ich möchte genau das sehen, was du siehst.
Was kannst du sehen, wenn du die Augen schließt?

Oft fühl ich mich eingeengt in meinem Raum,
und meine Sehnsucht führt mich zu einem Traum.

Mein Körper ist ein Kleid, kannst du das verstehn?
Ohne das Kleid kann ich überall hingehn.

Ohne das Kleid kann ich tanzen und springen
und höre mich vor lauter Freude singen.

Ich sehe den Regenbogen über mir
und bin einfach so glücklich im Jetzt und Hier.

Mit Fantasie kann ich die Sehnsucht stillen
in der Welt läuft alles nach meinem Willen.

Viele bunte Farben enthält die Sehnsucht,
vom allerhöchsten Berg bis zur tiefsten Schlucht.

Wer nun den wirklich wahren Frieden findet
und sich an gar keine Wünsche mehr bindet,

der lässt die große Sehnsucht ganz einfach los
und Liebe und Freude fällt ihm in den Schoß.

Leere

Wie kannst du es wagen so zu gehen,
wo wir doch mitten im Leben stehen?
Über Leben und Tod selbst entscheiden,
lässt einfach alle anderen leiden.

Wie kannst du dieses Geschenk weggeben,
das größte Geschenk ist doch das Leben.
Einfach gehen, ohne was zu sagen,
wie kannst du das tun, wie dies nur wagen.

Uns alle im Schock zurückzulassen
und trotzdem können wir dich nicht hassen.

Es wird schwierig sein, das zu verstehen
und es mit deinen Augen zu sehen.
Denn nun bist du weg, kannst nichts mehr sagen
und wir müssen die Last mit uns tragen.

Irgendwie werden wir den Weg finden,
die Trauer in uns zu überwinden.

Wir wissen nicht, ob es eine Welt gibt,
auf der man all die Lieben wiedersieht,
wo jeder eine zweite Chance erhält,
das wäre wirklich eine schöne Welt.

Die Wahrheit ist, du wirst hier sehr vermisst.
Wir wünschen dir Gutes, wo du auch bist.

Liebe und Leben

Was ist Liebe, das frag' ich mich,
was ist Leben, das frag' ich dich.

Warum so schwer, möchte ich wissen?
Bedeutet Liebe zu vermissen?

Jemandem etwas zu schenken,
ohne an sich selbst zu denken?

Da zu sein, auch wenn es schwierig ist?
Verzeihen, wenn einer was vergisst?

Bedeutet Liebe sich zu ehren,
und sich auch gegen Schlechtes wehren?

Liebe kann aber auch schmerzen,
sogar sehr in manchen Herzen.

Liebe bedeutet Freud und Leid,
Liebe bedeutet Zweisamkeit.

Lieben bedeutet auch zu leben,
Leben ist ein Nehmen und Geben.

Leben ist Freiheit zu spüren,
Leben ist Glück zu berühren,

Leben ist die Welt anzusehen
und versuchen sie zu verstehen.

Was ist Liebe, was ist das Leben,
es kann viele Antworten geben.

Das Geheimnis

Als ich von der Sache erfuhr,
da zwang man mich zu einem Schwur.
Keine Seele durfte was wissen,
von diesen geheimen Bündnissen.

Ich musste die drei Finger heben,
sonst würd ich nicht mehr lange leben.

An einem ganz geheimen Ort
gab ich diesen Menschen mein Wort.
Und so plagte es mich dann jahrelang,
ich hatte Angst vor dem Untergang.

Die Zeit verging und ich fragte mich dann,
was, wenn ich mein Schwur nicht mehr halten kann?

Plötzlich würde es mich nicht mehr geben,
es wäre vorbei mit meinem Leben.

Ich würde aus meinem Haus gehen,
ein Selbstunfall ist schnell geschehen
und gar niemand hatte was gesehen.
So würde es in der Zeitung stehen:

Einen tragischen Unfall hat's gegeben,
dieser Unfall forderte ein Leben.

Und so hielt ich mein Versprechen,
ich würde es niemals brechen.
Die Menschheit sollte es erfahren,
doch ich musste mein Wissen wahren.

Und bis zum letzten Atemzug,
ich mein Geheimnis mit mir trug.

Frei sein

Was ist so traurig an dieser Welt?
Wir können nicht tun was uns gefällt,
weil wir uns selber daran hindern.
Nur wir können unsern Schmerz lindern.

Ängste beherrschen unser ganzes Leben.
Was wäre, würde es diese nicht geben?
Wenn wir nicht immer Zweifel hätten,
wären wir dann frei von den Ketten,
welche uns immer wieder halten
und so unser Leben gestalten.

Könnten wir dann tun, was uns gefällt,
wären wir dann frei auf dieser Welt?
Würden wir dann endlich erkennen
und nicht immer dem Geld nachrennen?
Sind wir nicht hier, um zu verstehen,
diese Welt wird sich weiterdrehen.
Wollen wir neue Schritte gehen
oder bleiben wir einfach stehen?

Der Mensch ist so oft ein Egoist,
was er nicht hat, ist, was er vermisst.
Doch ist er auch ein Gewohnheitstier,
der daran glaubt, was jetzt ist und hier,
dass soll doch für immer so bleiben.
Änderungen will er vermeiden.

Was ist also der richtige Weg?
Einfach steh'n zu bleiben auf dem Steg?
Oder raus in die Welt zu fahren,
um ganz viel Neues zu erfahren?

Sicher sind beide Wege richtig
und für jeden anderes wichtig.
Jeder ist anders, urteile nicht,
jeder hat seine eigene Sicht.

Jeder geprägt von seinem Leben,
kann den eigenen Beitrag geben.
Für jeden ist was anderes gut
und jedem macht was anderes Mut.

Lass doch jeden sein, so wie er ist
und sei du so, wie du gerne bist.
Denn bist Du ehrlich zu Dir und rein,
dann kannst auch du im Herzen frei sein.

Geh weiter!

Das Wiegen der Bäume im Wind,
weckt in mir das innere Kind.
Es führt mich durch mein ganzes Leben,
das mir so vieles hat gegeben.
Ein großer Teil davon warst du,
du gabst mir Liebe und auch Ruh.
Bei dir konnte ich mich selber sein,
deine Herzenswärme war so rein.
Du hast Ängste und Schmerzen geheilt,
wir haben Freude und Leid geteilt.

Ein Sonnenstrahl berührt mein Herz
und gleich verblasst in mir der Schmerz.
Ein Lächeln huscht über mein Gesicht,
es erhellt mein Wesen und mein Licht.
Ich höre, wie du sagst: „Geh weiter,
komm, sing und tanz, lach und sei heiter.
Folge all deinen Träumen in dir,
lebe den Moment im Jetzt und Hier.
Wenn die Stunden dich zum Ende führen,
werden unsere Seelen sich wieder berühren."

August

Ich habe Angst, im Eis zu erstarren,
für immer im Moment zu verharren.
So oft wein' ich mich in den Schlaf hinein,
ich habe Angst, total wertlos zu sein.
Hab' Angst, niemandem was zu bedeuten,
und auch Angst vor aufdringlichen Leuten.
Ich hab' Angst, er würde wiederkommen,
er hat mir meine Freiheit genommen.
Bitte tu das nicht, fass mich nicht mehr an,
mach nicht, dass ich mich nicht mehr lieben kann.
Ich hab' Angst, ich werde nicht ernst genommen.
Hab' Angst, nicht aus dem Teufelskreis zu kommen.
Hab' Angst, wieder Gewalt zu erfahren,
mein Herz verschlossen aufzubewahren.
Ich habe Angst mich selbst zu verlieren,
irgendwie im Innern zu erfrieren.
Doch trotz der Angst und all diesen Schmerzen,
gibt es auch Gutes in Menschenherzen
und dieses Gute möchte ich finden,
und damit das Böse überwinden.
Verschieden wie Steine wir Menschen sind,
jeder war mal ein unschuldiges Kind.
Geprägt durch Gene und auch die Umwelt,
erschafft sich jeder seine eigne Welt.
Wir versuchen zusammenzuleben,
nicht jeder kann uns Gutes mitgeben.
Doch wir entscheiden, was wir draus machen,
ob wir in uns die Hoffnung entfachen.
Ob wir gestärkt ins Leben hinausgehen
und so viele Menschen besser verstehen.
Verändern können wir andere nicht,
aber uns selbst ändern, führt uns ins Licht.

Reichtum

Wenn wir unsere Zeit von heute betrachten,
gibt es so viel Verschiedenes zu beachten.
Es sind ja sehr viele Völker in einer Welt
und nur die wenigsten besitzen wirklich Geld.

So viele Schicksale, Traurigkeit, Krieg und Tod
und auch Millionen von Menschen ohne Brot.

Fließend Wasser zu haben ist für uns normal,
doch so viele andere haben nicht die Wahl,
am Morgen einfach mal zum Kühlschrank zu gehn
oder nur schnell den Wasserhahn aufzudrehn.

Das wirklich große Glück, das wir hier besitzen,
wenn wir ganz gemütlich auf dem Sofa sitzen,
ist es uns wirklich total bewusst und auch klar?
Der große Reichtum ist auf dieser Welt so rar.

Reichtum ist, was wir als solchen definieren.
Was ist, wenn wir unser ganzes Geld verlieren?
Besäßen wir in dem Fall keinen Reichtum mehr,
also dann wäre unser Leben ziemlich leer.

Reich ist doch, wer sich und andere Menschen liebt,
wer, ohne etwas zu erwarten, einfach gibt.
Wer sich herzlich freut, wenn es anderen gut geht.
Wer mit voller Zufriedenheit im Leben steht.

Reich ist, wer Familie hat, die auch zu ihm hält,
dies kann man nicht kaufen, mit keinem Geld der Welt.

Reich ist, wer auch wirklich daran glaubt reich zu sein,
dazu braucht es manchmal nur einen schönen Stein.
Oft sind Kleinkinder mit einem Stein zufrieden,
ein Erwachsener braucht mehr für seinen Frieden.

Wenn man Verantwortung hat, braucht man schließlich Geld,
nicht umsonst sagt man ja, Geld regiere die Welt.

Wäre es nicht schön, könnte man alles teilen
und wir könnten all unsere Kranken heilen?
Wäre es nicht schön, uns nicht mehr zu bekriegen
und es müsste keine der Seiten mehr siegen?

Eine Welt, die wirklich ehrlich zusammenhält
und jeder den andern in den Mittelpunkt stellt.

Leider herrscht im Menschen oft Gier und auch die Macht
und der Stärkere ist es, der am Ende lacht.
Es kann einfach keine Gerechtigkeit geben,
jedenfalls nicht in einem einzigen Leben.

Doch würden wir Menschen immer wiederkommen,
könnten wir die nötigen Lehren bekommen.

Einmal als Kind der reichen Völker geboren,
einmal in einem ärmlichen Land erfroren.
Einmal als Verbrecher böse Dinge gemacht
und ein anderes Leben als Opfer verbracht.

Einmal an einer Krankheit sehr früh verschieden,
dann im hohen Alter, glücklich und zufrieden.
So würde doch alles einen Sinn ergeben,
würden wir sehr viel mehr als nur einmal leben.

Doch spielt's eine Rolle, ob wir mehrmals leben?
Das Allerwichtigste ist alles zu geben.

Wir können das Leid auf der Welt nicht aufheben,
doch können wir nach den guten Taten streben.
Würde jeder für einen anderen was tun,
dann könnte jeder von uns abends besser ruhn.
Dann hätte jeder einem zum Glück verholfen,
es wäre jedem Menschen etwas geholfen.

Es braucht gar nicht viel, schon mit ganz kleinen Dingen
könnten wir alle die Traurigkeit bezwingen.
Einfach einmal jemanden zum Lachen bringen,
oder auch einmal für jemanden was singen.
Mit jemandem nur so spazieren zu gehen,
oder mal jemandem in Not beizustehen.

Wir brauchen keine Reichtümer, um zu geben
und müssen nicht reich sein, um glücklich zu leben.

Gott und die Welt

Was denkst du über unseren Gott und die Welt?
Denkst du, Gott hat einst unsere Felder bestellt?
Denkst du, Gott hat die ganze Natur erschaffen?
Und wir Menschen erschufen vor allem Waffen.

Tatsache ist, seit Anbeginn unserer Zeit,
war die Mehrheit der Menschen zu allem bereit.
Viele Waffen, um Haus und Hof zu beschützen
und für den König die allerbesten Schützen.

Gott hat uns doch nach seinem Abbild erschaffen,
doch unser Gott erschuf selber keine Waffen.
Wie also kann es nur sein, dass wir ihm gleichen
und trotz alldem so drastisch von ihm abweichen?

Wie kann der Mensch so überzeugt daran glauben,
er könne sich auf der Welt alles erlauben?
Einfach so zu denken, die ganze Welt sei sein,
obwohl doch Gott sie schuf bis auf den letzten Stein.

Am Anfang schrie der Mensch, nahm und verteidigte
und später dann, sah, sprach er und beleidigte.

Ich glaube nicht, dass diese Welt nur uns gehört,
obwohl der eine oder andre darauf schwört.
Doch wie kann es nur sein, dass unser Gott nichts tut?
Fehlt es ihm da vielleicht an dem nötigen Mut,
nun selber durch unsere Lande zu streifen?
Nach all der Zeit endlich einmal einzugreifen.

Was glaubst du, was für Gründe könnte es geben,
dass wir nicht in einer friedlichen Welt leben?

Vielleicht wurde ja nur die Frage falsch gestellt
und es geht gar nicht um das Böse dieser Welt,
aber was ist wirklich böse und was ist gut?
Ist unsere Freude gut und das Böse Wut?
Bestimmt nicht die Sichtweise, ob es böse ist?
Ist es die Erfahrung, die den Schweregrad misst?

Die Freude des einen ist des anderen Leid,
das Glück des anderen entfacht beim nächsten Neid.

Es ist schwer Gut von Böse zu unterscheiden,
aber schlimm ist es doch, wenn die Menschen leiden.

Doch könnte das Böse uns gar nicht verletzen,
dann könnten wir das Gute ja gar nicht schätzen.
Das Wunder der Heilung kann es nur dann geben,
wenn Menschen auch schwere Krankheiten erleben.

Gott schenkte uns den Willen frei zu entscheiden,
gute Wege gehen, andere zu meiden.

Gott schenkte allen Lebewesen diese Welt
und er ist es doch, der alles zusammenhält.

In verschiedenen Formen ist er zu sehen
und suchst du mal Hilfe, wird er zu dir stehen.

Ich denke, es liegt an uns, die Welt zu ändern
und Gott steht uns immer bei, in allen Ländern.

Ganz egal, wie auch immer ihr euren Gott nennt,
oder unter welchen Namen ihr ihn auch kennt,
wo wir auch sind und welche Sprachen wir sprechen,
mit guten Taten können wir das Eis brechen.

Unser lieber Gott hat uns alles gegeben
und wir können frei entscheiden, was wir leben.
Fangen wir doch an mit Liebe und Achtsamkeit,
mit der Freude im Herzen und der Dankbarkeit.

Coronazeit

Was hat sich verändert von heute auf morgen,
plötzlich haben wir ganz ungewohnte Sorgen.

An Alltagsgesetze, die gestern noch galten,
können wir uns heute einfach nicht mehr halten.

Freiheiten, die uns viel Kraft und Abwechslung geben,
dürfen wir von heute auf morgen nicht mehr leben.

Ein neuer Feind hat sich zu uns gesellt
und macht, dass die Welt den Atem anhält.

Doch sind wir Menschen die Welt, sind wir das Leben?
Oder hat die Welt uns das Leben gegeben?

Wer sind wir Menschen und was wollen wir sein?
Sind wir mehr wert als Tiere, Pflanzen und Stein?

Was sehen wir, wenn wir in den Spiegel schauen?
Haben wir den Mut, uns wirklich anzuschauen?

Oder sehen wir nur die Masken, die wir tragen,
weil wir uns verschließen und innerlich versagen?

Die Zeit rennt uns davon und wir ihr immer hinterher.
Wir haben schöne Dinge und fühlen uns doch leer.

Wir suchen Liebe, doch schreien nach Geld.
Was ist das für eine verrückte Welt?

Sind wir bereit, unsere Fehler zu erkennen
oder können wir nur unser Gutes benennen?

Können wir das Beste in andern sehen,
wenn diese Menschen direkt vor uns stehen?

Sehen wir die Fähigkeiten und Freude in ihren Herzen
oder sehen wir unsere eigenen Fehler und Schmerzen?

Wir werden zu oft von unseren Ängsten getrieben.
Das ist ein Grund, warum wir nicht bedingungslos lieben.

Gefühle wie Hass, Missgunst und auch Neid
führen uns irgendwann zur Einsamkeit.

Wir glauben zu wissen und interpretieren,
das sind oft die Momente, wo wir verlieren.

Wir wissen nicht was die anderen fühlen und denken.
Das sollten wir vor jedem Urteil reichlich bedenken.

Lassen wir doch einfach ganz viel Gutes entstehen,
schauen mit dem Herzen, was die Augen nicht sehen.

Mit Empathie kommen wir wirklich weit,
es schafft ein Gefühl von Verbundenheit.

Haben wir Verständnis, dass Menschen verschieden sind.
Schauen wir sie doch einfach an, als wären wir blind,

als könnten wir keine Unterschiede sehen,
wenn sie rechts und links an uns vorübergehen.

Eigentlich sind wir ja alle gleich,
egal ob klug, arm, schön oder reich.

Am Ende sind wir doch fast alle Energie-Diebe,
immer auf der Suche nach Anerkennung und Liebe.

Corona hat so vieles mit uns gemacht.
Es hat uns Angst und Unsicherheit gebracht,

aber auch den Willen, das alles zu überstehen,
damit wir wieder Hand in Hand durch das Leben gehen.

Vielleicht ist jetzt die Zeit, alles zu überdenken
und uns in Zukunft die wichtigen Dinge schenken.

Liebe, die bedingungslos ist
und Zeit, die die Uhrzeit vergisst.

Bieten wir Hilfe an, ohne an uns zu denken
und ohne Erwartung, sollten wir Freundschaft schenken.

Vergessen wir auch uns nicht und nehmen uns die Zeit
und spüren in unserem Innern die Dankbarkeit.

Mit einem lieben Lächeln fängt alles an,
ein Lächeln, das jeder jedem schenken kann.

Dauke

Wie Mutter und Vater warst du damals für mich,
wüsste nicht, was ich getan hätte ohne dich.

Damals war ich so verängstigt und noch ganz klein,
erst fünf Jahre alt und fühlte mich so allein.

Du gabst mir so viel Halt in den trüben Tagen
und musstest doch selbst ein schweres Schicksal tragen.

Später in meiner Jugend hast du mich beschützt
und mich in so vielen Dingen auch unterstützt.

Wir und deine Freunde hatten dich sehr geliebt
und du warst sozusagen, überall beliebt.

Du warst so schön, stark und auch so bewundernswert
und wusstest genau, dass das Leben selbst uns lehrt.

Hast so vieles geteilt und von dir gegeben
und so manchem Menschen hast du viel vergeben.

Deine Haare waren dunkel wie Ebenholz
und deine Haltung zeigte auch gesunden Stolz.

Dein fröhliches Lachen erhellte jeden Raum,
aber plötzlich war das alles nur noch ein Traum.

Eine Kugel nur beendete dein Leben,
wie können wir dem Mörder jemals vergeben?

Trotzdem hatte ich nie wirklich Hass empfunden,
ich hoffte damals, er würde bald gefunden.

Einfach nur das Warum, dass wollte ich wissen.
Hatte dieser Mann überhaupt kein Gewissen?

Bitte sag mir, warum fiel dieser eine Schuss
und machte einfach so mit ihrem Leben Schluss?

Ich möchte nur wissen, wozu musste das sein?
Wer warf in diesem Schicksal nun den ersten Stein?

Der alles, was dann folgte, ins Rollen brachte,
und damit die Geschehnisse verursachte.

Niemand kann mir dazu eine Antwort geben,
nicht in meinem ganzen verbleibenden Leben.

Was danach noch folgen wird, das wissen wir nicht.
Vielleicht jedoch erhalten wir Antwort im Licht.

Wenn wir am Ende sind der irdischen Reise,
vielleicht hat man dann eine neue Sichtweise.

Was war es, was ist an jenem Tag geschehen?
Ach, könnte ich einmal die Zeit zurückdrehen.

Ich wünschte, ich könnte dich noch einmal sehen,
mit dir zusammen im Wald spazieren gehen.

Mit dir wieder singen tanzen und auch lachen,
wie früher uns freuen, über so viel Sachen.

Dir meine Familie und mein Daheim zeigen,
doch auf meine Bitte folgt immer nur Schweigen.

Aber horch' ich tief in meine Seele hinein,
dann spüre ich ganz deutlich, ich bin nicht allein.

Denn ich weiß es genau, ein großer Teil von dir
ist mein ganzes Leben lang Tag und Nacht bei mir.

In den Herzen von uns allen lebst du weiter
und bist uns ein immerwährender Begleiter.

Unsere schönen Erinnerungen bleiben
und können die traurigen Bilder vertreiben.

Man kann nie wissen, was das Leben bereithält
und wann die letzte Stunde schlägt auf dieser Welt.

Deshalb sollte man möglichst wenig verschieben
und die Menschen und das Leben einfach lieben.

Es ist ein Geschenk, auf dieser Welt zu leben,
Liebe zu erhalten und weiterzugeben.

Schwester, für deine Herzlichkeit danke ich dir,
jetzt und für immer bleibt deine Liebe in mir.

Das Manuskript war einmal unter „Gedichte Buch 98" abgespeichert und nun sind wir im Jahr 2022 angekommen. Nie hätte ich gedacht, dass es so lange dauern würde.
Ich durfte eine Lehre des Lebens mitnehmen:
„Alles kommt zu seiner Zeit."

Und zu guter Letzt mein Lebensmotto:
Alles kommt gut, nicht immer so, wie wir es uns vorstellen, aber es kommt letztendlich immer gut!

Dies ist nicht das Ende, denn das Ende ist nur der Anfang …

HERZ FÜR AUTOREN A HEART FOR AUTHORS À L'ÉCOUTE DES AUTEURS MIA ΚΑΡΔΙΑ ΓΙΑ ΣΥΓΓΡ
FÖR FÖRFATTARE UN CORAZÓN POR LOS AUTORES YAZARLARIMIZA GÖNÜL VERELIM SZÍ
PER AUTORI ET HJERTE FOR FORFATTERE EEN HART VOOR SCHRIJVERS TEMOS OS AUTO
ÖINKÊRT SERCE DLA AUTORÓW EIN HERZ FÜR AUTOREN A HEART FOR AUTHORS À L'ÉCOU
ĄAÇÃO ВСЕЙ ДУШОЙ К АВТОРАМ ETT HJÄRTA FÖR FÖRFATTARE Á LA ESCUCHA DE LOS AUTOF
EURS MIA ΚΑΡΔΙΑ ΓΙΑ ΣΥΓΓΡΑΦΕΙΣ UN CUORE PER AUTORI ET HJERTE FOR FORFATTERE EEN H
ÖINKÊRT SERCE DLA AUTORÓW EIN HERZ FÜR
SCHRI ΑΟ ВСЕЙ ДУШОЙ К АВТОРАМ ETT HJÄRTA FÖF

Die Autorin

Schon im zarten Alter von sechs Jahren begann Olenka Jud-Cartagena Gedichte und Geschichten zu schreiben. Ihr größter Wunsch war es, Schauspielerin zu werden, den sie sich mit einer Ausbildung nun erfüllt hat.

Olenka Jud-Cartagena wurde 1976 in Madrid geboren. Nachdem sie mit fünf Jahren zu Pflegeltern gekommen war, wuchs sie fortan im Kanton Graubünden, Schweiz, auf. 2003 zog die Autorin nach Zürich, war in der Versicherungsbranche tätig und absolvierte die Ausbildung zum werteorientierten, systemischen Coach. Ihre persönlichen Interessen liegen neben der Familie, in zwischenmenschlichen Beziehungen, dem Verweilen in der Natur, dem Kältetraining und Bauen von Schneefiguren.

Das Verfassen der Gedichte macht ihr Spaß und ist ein Ventil, um mit den Schattenseiten des Lebens umzugehen. Der vorliegende Band ist Olenka Jud-Cartagenas Debut.

Heute lebt Olenka Jud-Cartagena mit ihrem Mann und ihren zwei Kindern in Einsiedeln in der Schweiz.

novum 📖 VERLAG FÜR NEUAUTOREN

Der Verlag

*Wer aufhört
besser zu werden,
hat aufgehört
gut zu sein!*

Basierend auf diesem Motto ist es dem novum Verlag
ein Anliegen neue Manuskripte aufzuspüren, zu ver-
öffentlichen und deren Autoren langfristig zu fördern.
Mittlerweile gilt der 1997 gegründete und mehrfach
prämierte Verlag als Spezialist für Neuautoren in
Deutschland, Österreich und der Schweiz.

**Für jedes neue Manuskript wird innerhalb
weniger Wochen eine kostenfreie, unverbind-
liche Lektorats-Prüfung erstellt.**

Weitere Informationen zum Verlag und
seinen Büchern finden Sie im Internet unter:

www.novumverlag.com